ESCRITO POR
DANIELE VANZAN
ILUSTRADO POR
RAFAEL SANCHES

Não era para ser bom na escola?

Sol era uma menina meiga, bastante inteligente , e cheia de entusiasmo. Fazia amigos por onde passava, mesmo sendo tímida e tendo uma voz baixa, quase inaudível, principalmente quando estava rodeada de pessoas desconhecidas. Muito amada e respeitada por sua família, conseguia se soltar mais do que o habitual quando estava entre eles. Gostava de ir para a escola, onde tinha amigos e professores bem legais. Ia bem nos estudos e, por ser uma menina sensível e especial, cativava todos os que com ela conviviam, colecionando assim muitas amizades.

Sol vivia feliz e satisfeita até que, em determinado momento de sua vida, passou a enfrentar uma situação bem difícil na escola onde estudava. Uma das meninas que até então era sua amiga começou a se juntar com outras da sala, pedindo que não falassem mais com ela. Essa amiga dizia que Sol não combinava com o grupo, que era falsa, estudiosa demais e meio estranha. E, apesar da maneira grosseira e arrogante de tratar as outras pessoas, ela tinha se tornado uma espécie de líder da turma. Com isso, as demais alunas passaram a criticar Sol e a deixá-la isolada de todos.

Sol, que antes ia para a escola animada e feliz, agora chegava lá preocupada, fazendo de tudo para ser aceita pelas outras colegas e poder fazer parte do grupo das "meninas superpoderosas", como elas se intitulavam. E, nessa tentativa de ser aceita, Sol se anulava, aturava desfeitas, fingia que não ouvia piadas e provocações, e ainda se interessava em conhecer e se aprofundar em todos os assuntos, cantores ou séries que agradavam as colegas. Para tentar ser incluída naquele grupo, ela se perdeu de si mesma. Mudou o jeito de se vestir, a forma de falar, a cor do cabelo, e até deixou de ser a aluna aplicada que sempre havia sido, só para tentar fazer parte do grupo novamente.

O tempo ia passando e, quanto mais Sol se esforçava para concordar com as formas de pensar e agir totalmente diferentes das outras alunas de sua classe, para tentar ser como elas, mais era maltratada. Parecia que as demais colegas tinham medo de sua ex-amiga superpoderosa, pois, por mais que ela fizesse grosserias e fosse desagradável com todos, ninguém ousava desobedecer suas ordens e vontades. Mesmo as mais boazinhas, que tratavam Sol bem quando a superpoderosa não estava por perto, na frente dela participavam de críticas, deboches e calúnias inventados como desculpa para isolá-la de todo o grupo.

Com todo o domínio que a superpoderosa exercia sobre a turma, Sol passou a ter dificuldade em arrumar grupos para fazer os trabalhos e até mesmo para ter companhia no recreio ou para alguém se sentar perto dela. Tentou se aproximar dos meninos e de uma colega que não era tão popular, mas logo a superpoderosa se incomodava e tratava de aumentar o nível de implicância com Sol. Começaram até a falar mal de sua família e a contar mentiras, como dizer que ela tinha copiado o trabalho de uma das alunas, sempre criando problemas que faziam Sol desejar sumir dali. A cada dia se tornava mais difícil ir à escola.

Devido a essas situações difíceis pelas quais Sol estava passando na escola, não demorou muito para que sua tristeza fosse percebida em casa. Sol agora andava mais calada do que o normal, isolava-se em seu quarto, já não queria estudar e passava boa parte do tempo livre dormindo ou "anestesiada" em seu celular e com jogos. Sua família notou que algo não andava bem, mas, ao questioná-la, ela negava qualquer problema, e eles, assim, não conseguiam saber o que ela tinha para tentar ajudá-la. Sol temia que seus pais falassem com alguém da escola ou com outros pais, piorando assim a perseguição que sofria. Ela vivia insegura, tinha medo de se colocar perante os colegas de forma errada e cada vez mais deixava de ser ela mesma.

Sol sofria apenas em imaginar que no dia seguinte teria de ir para a escola. Não ter com quem conversar e ver todas as colegas reunidas, rindo juntas, fazia com que tivesse pensamentos que lhe causavam ainda mais sofrimento. Pensava que ela era uma menina ruim, que ninguém gostava dela ou se importava com seus sentimentos, que todos se divertiam sem se preocupar se estava incluída na brincadeira ou não, e chegou até a acreditar que merecia mesmo sofrer. Com tudo isso, Sol passou a sentir vontade de se machucar e também de não existir mais. A cada dia sua dor aumentava, mas Sol fingia estar bem e continuava tentando puxar assunto e participar das conversas. E, quando inventavam algo sobre ela, acabava concordando ou mesmo tentando se desculpar por coisas que ela nem tinha feito. Esse comportamento negativo aumentava ainda mais sua dor.

Em mais uma tentativa de fazer parte do grupo das superpoderosas, Sol preparou com todo capricho um convite para um banho de piscina em sua casa. A mãe se prontificou a preparar um lanche gostoso, na esperança de vê-la feliz novamente. Chegando à escola, Sol entregou o convite a todas as colegas do grupo. Algumas pareciam animadas, enquanto outras olharam vacilantes para a superpoderosa, como se esperassem sua decisão sobre o que fazer. Foi então que a superpoderosa pegou o convite, anunciando que não poderiam, já que tinham combinado outra atividade para aquele dia. As demais acataram aquela resposta coletiva, e Sol correu ao banheiro para poder chorar um pouco e aliviar sua dor.

Era bem difícil para Sol ouvir as meninas contando em voz alta sobre os passeios e as reuniões divertidas para os quais não era convidada. Parecia até que falavam tão alto de propósito, só para que Sol ouvisse. Imaginar as colegas vivenciando tudo aquilo juntas e saber que nunca faria parte daquilo deixavam-na triste e desmotivada. A essa altura, Sol já não queria mais nem assistir às aulas. Passou a aceitar a ideia de que era uma menina sem graça e que ficaria só para sempre. Assim, procurava um canto para comer seu lanche e passava cada vez mais tempo solitária e triste.

Chegou um dia que, felizmente, Sol, não aguentando mais passar por tanto isolamento e exclusão, abriu-se com os pais e contou um pouco de tudo o que vinha vivendo na escola. Pediu que eles guardassem segredo, para que ela não fosse mais maltratada ainda, e sentiu alívio por dividir tudo aquilo com eles. Os pais, sofrendo e sem saber o que fazer para ajudá-la a reverter aquela situação, decidiram procurar a ajuda de um profissional. Sol concordou com aquela ideia, pois não aguentava mais enfrentar tudo sozinha.
Os pais conseguiram a indicação de uma psicóloga com amigos e marcaram uma sessão para ela.

No dia marcado, os pais de Sol compareceram para explicar a situação escolar da qual haviam tomado conhecimento, bem como para apresentar o histórico familiar. Neste dia, Sol pouco falou, porque os pais contaram sobre ocorrências significativas desde seu nascimento até os dias atuais. Mas ela optou por estar presente, para conhecer a tia Dani e saber como seria fazer essa tal terapia.

Depois dessa sessão, Sol passou a entrar sozinha para os encontros com tia Dani, e ali elas conversavam muito. Sol foi contando tudo o que tinha acontecido na escola, desde o início. Ela pôde expressar seus pensamentos negativos atuais, os sentimentos dolorosos que por tantas vezes a faziam querer sumir, e aquilo tudo ajudava Sol a se sentir melhor.

Nos encontros com tia Dani, Sol começou a perceber que ela sequer sabia quem era. Tinha se perdido dela na busca constante de pertencer ao grupo da escola, o que a fazia agir de modo estranho e falar coisas que ela nem pensava.

Mas, com as sessões, ela foi se encontrando novamente, foi retomando sua essência, e pôde perceber e voltar a sentir que, apesar de tudo aquilo, ela tinha coisas boas em sua vida.

Isso foi modificando sua postura pouco a pouco, sem que ela mesma se desse conta. Ela foi parando de se submeter a qualquer coisa só para agradar, foi voltando a se sentir mais relaxada para se expressar na escola tal como ela era e pensava, mesmo que suas ações e pensamentos fossem diferentes dos do grupo.

Nas sessões, ela conversava, desenhava e realizava algumas atividades e jogos com a tia Dani. E a cada dia saía de lá mais aliviada e com mais vontade de voltar.

Nas sessões com tia Dani, Sol foi percebendo coisas a seu respeito que antes nem notava... Pôde ver que, quando tudo começou, ela acreditava que as meninas da escola fossem melhores do que ela em tudo: aparência, talento, dinheiro etc. Sol se sentia inferior e se colocava para baixo, antes mesmo que começassem a maltratá-la.

Outra percepção muito significativa para ela foi que, apesar de ter sofrido muito com a rejeição do grupo da escola, ela também, em alguns momentos, excluiu ou caçoou das "esquisitas" da turma, só para permanecer fazendo parte daquele grupo. Como ela podia ter provocado em alguém a mesma coisa que tanto lhe causava dor sem nem ter se dado conta?

E havia uma dúvida que pairava em sua mente... Ela estava com muita vontade de encontrar com a tia Dani para poderem avaliar isso juntas: será que em alguns momentos ela podia ter se excluído do grupo de meninas ou aumentado sua dor por ter pensado que as demais nem se importavam com ela, mantendo-se assim pouco receptiva e talvez até com uma carinha feia? Ou que não tivesse se incluído pelo orgulho de achar que devia ter sido convidada para fazer parte das conversas acaloradas e intensas das meninas?

Um dia, com permissão de Sol, tia Dani foi conversar com a psicóloga da escola. Sua intenção era buscar ajuda para a resolução daqueles conflitos, mas também evitar que outras crianças dali sofressem como Sol, sem que os professores notassem ou interferissem. Será que os pais das crianças que faziam aquilo com Sol tinham ideia da dor que elas causavam? Será que as próprias crianças tinham ideia da dor que causavam? Ou estariam só presas ao sentimento de importância, empoderamento e ao prazer da liderança?

Sol entendeu que a escola poderia fazer um trabalho com os professores para que estes conseguissem não só identificar, mas também conduzir essas questões, tão presentes atualmente. Eles poderiam ainda fazer um trabalho com as próprias crianças, ou mesmo uma conscientização das famílias sobre comportamentos que causam sofrimento e tiram a alegria de viver de tantos estudantes. E, se esse fosse o caso, eles não comentariam nada sobre o caso de Sol diretamente.

Com as sessões e a conversa de tia Dani na escola, Sol começou a notar algumas mudanças que a deixaram animada.

Tia Dani deixou claro que seu empenho em realizar os testes propostos na escola estava sendo fundamental para todo o processo, já que, depois das conversas com tia Dani, cabia a Sol ir para a escola e tentar agir e pensar de maneira diferente a respeito de todas as coisas que a incomodavam.

Algumas meninas passaram a ouvir Sol com mais boa vontade e chegavam a concordar com ela em algumas situações. Sol já não se colocava para baixo, não se desculpava por erros que não tinha cometido, não fingia gostar ou conhecer algo só para ser aceita. Aos poucos, ela voltou a usar seu jeitinho de falar sem medo de ser acusada novamente de ser infantil ou boba, e começou a se permitir aproximar-se de meninas com as quais não tivera muito contato antes e que até julgava um pouco estranhas.

Com tudo isso, Sol foi recuperando o bem-estar dentro da escola novamente. Ela percebeu que tinha parado de chegar à escola já buscando situações de hostilidade e exclusão. Seu olhar havia mudado; já não vivia procurando aquilo que temia ver acontecer. E agora também era capaz de olhar para as conquistas que fazia, em vez de viver como vítima. Por tudo isso, sentia-se criadora da realidade que ela gostaria de viver, e isso lhe trazia força e satisfação, colocando-a na posição de quem criava o próprio bem-estar.

Suas mudanças faziam muito bem a ela. Sol seguia contente na terapia, contando suas observações para tia Dani. Na escola, sentia-se mais livre para ser quem era. A "superpoderosa" parecia ficar cada vez mais incomodada com as novas atitudes de Sol, mas esta ignorava a cara feia e ofensas da outra, e seguia falando o que achava que devia falar, mas de forma respeitosa e assertiva agora.

Sol não elogiava mais a "superpoderosa" sem parar, como todos faziam na turma. E teve até o dia em que, para espanto de todos, diante de uma grosseria sem sentido da colega em relação a ela, Sol se posicionou dizendo ser desnecessário aquele comportamento pelo simples fato de a colega não concordar com um ponto de vista seu. O que causou mais irritação e fez com que a "superpoderosa" a xingasse ainda mais. A essa altura, alguns colegas já não aprovavam tudo o que a "superpoderosa" fazia com Sol, mas ainda se omitiam diante do modo absurdo como ela falava ou agia. Mesmo assim, Sol se sentiu orgulhosa do que tinha feito: conseguira se colocar de forma tranquila, mesmo estando uma pilha de nervos por dentro.

Na sessão seguinte, Sol estava bem contente ao contar tudo o que havia acontecido para tia Dani. Que orgulho a tia Dani sentia por ver todo o avanço que Sol tinha conquistado... Sol notava que, por incrível que parecesse, quanto mais ela preservava sua personalidade e se mantinha fiel aos seus valores e a sua maneira de pensar, mais respeitada ela passava a ser.

Agora ela já não se preocupava mais em se vestir ou usar o cabelo como o da "superpoderosa". Não tentava participar de situações das quais nem tinha interesse de fazer parte. E, sem esforço, ela parecia, pouco a pouco, se tornar mais pertencente.

Continuava contando para tia Dani tudo o que andava acontecendo, e era nesses encontros que ela se dava conta das muitas mudanças positivas que vinham ocorrendo. Isso dava mais força para Sol seguir se respeitando, se aceitando e valorizando sua essência. E ela passou a se abrir mais e reconhecer valores até mesmo nos "esquisitos" da turma, dos quais tinha se mantido afastada por muito tempo.

Com toda essa mudança, Sol passou a ter outro tipo de interação na escola. Ela se abriu para novas amizades e para sua turma, e, além disso, algumas meninas já a tinham aceitado e a admiravam pela coragem em enfrentar a "superpoderosa" e também pela maneira respeitosa e confiante de falar. Sendo assim, passaram a imitar algumas de suas maneiras de falar antes ridicularizadas por elas.

Que alegria Sol sentiu ao perceber que inspirava algumas das colegas que tanto a tinham criticado e atacado...

Aos poucos, a turma de escola de Sol começou realmente a conhecê-la. Ela passou a ser convidada para festas e reuniões na casa dos colegas. Até dos grupos de WhatsApp ela passou a participar de forma agradável. Levou um tempo até Sol ter coragem de convidar as colegas para sua casa novamente. Mas agora ela se aceitava e podia ser aceita por ser ela mesma. A "superpoderosa" acabou reprovando essa aceitação da turma e se isolou com mais duas ou três amigas que continuavam seguindo-a cegamente e sofrendo com seus mandos e desmandos.

Que alívio ter ultrapassado aquela tormenta e recuperado não só sua identidade, mas também a alegria de ir para a escola diariamente.

Sua família estava cada vez mais aliviada, e agora já seria possível pedir para conversar com tia Dani a fim de se inteirar sobre o processo terapêutico da filha. Sol já não dormia tanto e não vivia mais isolada pelos cantos.

Às vezes, as memórias difíceis e os pontos negativos ressurgiam. Mas Sol tinha o acompanhamento de tia Dani, que não a deixava alimentar tais pensamentos nem ter vontade de se isolar novamente.

Sol aprendeu que, às vezes, a própria pessoa excluída é quem se exclui, por ter pensamentos do tipo: "ninguém liga para mim" ou "as outras são mais interessantes do que eu"; se a pessoa não estiver alerta em afastá-los, ela acaba se encolhendo de novo e se isolando dos outros sem nem perceber que seu modo fechado de ser ou a cara feia é que impedem a aproximação dos demais.

E agora Sol sabia que, quando esses pensamentos chegassem com mais força, ela devia desafiá-los e se aproximar ainda mais dos colegas, até sentir que eles não passavam de uma perturbação da sua mente. Com isso, ela foi confirmando que as coisas que sempre a haviam perturbado não passavam de criação da sua mente, e, ao falar dessa impressão com alguma amiga mais próxima, podia ouvir que aquilo não fazia sentido e não era real para a outra pessoa como parecia para a mente dela.

Assim, Sol passou a se tornar a verdadeira agente de sua vida, sem deixar que seus pensamentos ou a ação de outros a intimidassem ou direcionassem seu modo de agir.

Sol descobriu também na terapia que há crianças que, diferentemente dela, quando sofrem o que ela sofreu, acabam alterando seu comportamento de uma outra forma negativa, embora igualmente dolorosa.

Essas crianças se tornam insuportáveis e ruins, transformando seu comportamento conforme as críticas e calúnias de que as acusavam. Elas parecem encarnar aquele personagem terrível que os colegas tentavam atribuir a ela, e passam por vezes a importunar os outros com suas atitudes inadequadas de alfinetar as pessoas com comentários maldosos, repetir o que os colegas falam, cochichar no ouvido dos outros, usar ironia, xingamentos ou afirmações chocantes e polêmicas com as quais no fundo nem concordam. Com isso, afastam ainda mais os colegas, o que as tornam mais revoltadas.

Tais crianças se magoam com o afastamento dos colegas e acabam por provocar ainda mais afastamento, não só do grupo social ao qual pertencem, mas também de todas as outras pessoas. Elas fazem isso para se proteger, mas acabam causando mais dor e sofrimento a todos. Fingem não ligar para a hostilidade e a ira alheias, embora reajam de modo tão agressivo quanto a dor que carregam pela forma como estão sendo tratadas, e isso se torna um ciclo vicioso que se retroalimenta.

Vivenciar tudo isso não foi fácil, mas ensinou Sol e a fortaleceu muito. Ensinou-a principalmente a se conhecer melhor, a gostar de quem ela é e a se fazer respeitar por isso, bem como conhecer e respeitar os demais que conviviam com ela.

Agora ela se sentia superpoderosa e havia aprendido também que ser poderosa não envolvia se impor sobre os demais ou diminuí-los. Muito pelo contrário... Ser poderosa significava ter mais consciência e respeito por quem você era e respeitar o outro com suas diferenças e valores. Era não se sentir nem pior nem melhor que ninguém, pois cada ser era único e tinha seus pontos positivos e negativos. E, quando a gente entendia isso, passava a aproveitar o que cada amigo tinha de melhor e quem sabe até não seria possível ajudá-lo a melhorar naquilo em que ele tinha dificuldade?

A turma toda de Sol aprendeu lições importantes. Até os colegas que não participaram das ações desastrosas da "superpoderosa" puderam concluir que o fato de não se manifestarem nem dizerem nada não era o melhor modo de agir. Agora, o clima da sala de aula tinha se tornado saudável e leve.

BREVES PALAVRAS A PAIS, PROFESSORES E PROFISSIONAIS QUE LIDAM COM "CRIANÇAS SOL"

INTRODUÇÃO

Este livro foi escrito com o intuito de ajudar crianças, familiares e profissionais que lidam com a dor da exclusão, da discriminação, da humilhação ou do bullying, seja na escola ou em qualquer outro ambiente onde isso possa ocorrer.

Após receber inúmeras crianças e famílias com a queixa dessa dor, e perceber quanto essa prática mina a confiança, a alegria e a vontade de viver das crianças-alvo, decidi me empenhar em colaborar de alguma forma para a erradicação desse tipo de prática. Procuro apresentar aqui informações e reflexões importantes sobre o tema para as crianças, por meio desta história infantil, e a jovens e adultos, por meio destas considerações finais. Incluo ainda alguns exercícios para auxiliar os que não têm acesso a ajuda terapêutica, mas necessitam de apoio para superar suas dores.

Ao abordar o tema, muitas vezes fui questionada por alguns adultos que consideram o bullying uma "frescura", uma vez que reconhecem que, na sua infância, já receberam apelidos pejorativos ou foram alvo de brincadeiras que julgam parecidas com as que entendem como práticas de bullying atuais.

O fato é que as pessoas que questionam e desqualificam a dor do bullying atual não a compreendem pelo fato de nunca terem sofrido o bullying propriamente dito. Foram alvo de brincadeiras sadias, que não minaram por completo sua autoconfiança nem as levaram à depressão, a tentativas de suicídio ou à falta de vontade de ir para a escola ou mesmo à falta de vontade de viver.

Quando falamos desse assunto, não se trata de crianças "problemáticas" ou "extremamente sensíveis", "mimadas" ou "frescas". Falamos de uma "brincadeira" que não é brincadeira, pois não representa um momento engraçado ou divertido para todas as crianças envolvidas. Trata-se de um grupo de crianças que sentem prazer em subjugar, humilhar e submeter outra criança; que se utilizam dessa prática como forma de exercer seu poder e sentir prazer com ele perante as demais crianças da turma. E, não bastasse isso, esse jogo ainda influencia todos os outros colegas.

Alguns, conhecidos como algozes ou agressores, sentem necessidade e prazer em estar no comando de um movimento de crítica, exclusão, humilhação e maus-tratos da "criança Sol". Geralmente estes estão identificados com o poder e a liderança, e se julgam superiores ou melhores do que os demais, não possuindo empatia pela dor do outro. São queridos por pais e funcionários da escola, já que agem de forma dissimulada diante dos adultos, mantendo um ar educado e amistoso quando na presença deles. Mas, por trás, incitam os demais amigos a se afastarem da vítima, debochando, criticando, humilhando, inventando calúnias e, por vezes, até agredindo-a ou danificando seus pertences.

Outras crianças são apenas espectadoras. Encontram-se passivas e paralisadas no sofrimento por se calarem diante das situações de bullying, pelo medo de se tornarem as próximas vítimas do grupo do poder. Percebem tudo o que está acontecendo, não sentem conforto diante do que testemunham, mas não se veem em condições de denunciar ou fazer algo para acabar com essa prática. Calam-se, por vezes sentindo-se fracas e covardes por não serem capazes de ajudar as vítimas da turma. Isso afeta a estima e o bem-estar delas.

E temos as vítimas de assédio e perseguição persistentes por parte do agressor, que sofrem pelo isolamento, pelas humilhações e agressões aos quais são submetidas enquanto estão na escola. Geralmente são crianças extremamente sensíveis e introvertidas, tranquilas, que desejam apenas ser incluídas em um grupo e fazer parte dele. São crianças que acabam não tendo a habilidade de se defender e se calam, fazendo com que as agressões se intensifiquem mais e mais. Temem contar a alguém e sofrer mais retaliações diante de uma ação ineficaz da escola sobre a pessoa que lidera o bullying.

O bullying é uma forma de violência grave que pode envolver diversos tipos de violência, como a psicológica, sexual, moral, material e a física. Em 2024, o bullying passou a ser considerado crime previsto pela Lei n. 14.811, de 15 de janeiro de 2024, responsabilizando-se assim o menor agressor, a escola e os pais pela prática do ato.

Que possamos, cada vez mais, nos informarmos sobre essa prática e fomentarmos a busca pela resolução dela junto às nossas crianças. Afinal, é na infância e na adolescência que temos a chance de moldar, modificar e corrigir as más tendências delas por meio da educação. E, se não agirmos ativamente nessa fase, identificando e suprindo suas necessidades, veremos o preço que pagarão por isso no futuro, independentemente da posição que ocupam neste jogo doentio que é o bullying.

QUEM SÃO AS "CRIANÇAS SOL", AS CRIANÇAS AGRESSORAS E AS CRIANÇAS ESPECTADORAS NA DINÂMICA DO BULLYING

Neste livro, chamo de "crianças Sol" aquelas que acabam por sofrer na escola, ou em qualquer ambiente social no qual estejam inseridas, situações constantes e hostis de exclusão, humilhação, discriminação ou bullying por parte de seus colegas.

Não considero aqui ocorrências isoladas desses eventos negativos, mas um período prolongado e significativo deles, em que uma criança passa a ser o alvo das atenções e do ataque provocado por uma ou mais crianças reunidas com o intuito de isolarem, constrangerem e causarem desconforto e sofrimento à vítima em questão.

Esse ataque pode se caracterizar pelo emprego de apelidos pejorativos, comentários maldosos, expressões preconceituosas, ameaças por quaisquer meios, isolamento social, grafites ou bilhetes depreciativos, ataques físicos, postagens vexatórias nas redes sociais, disseminação de calúnias etc.

Essa criança normalmente apresenta ou passará a apresentar após esses eventos algumas das queixas a seguir: estima baixa, intensa angústia/ansiedade, queda no rendimento escolar, alteração no sono e/ou apetite, necessidade de ser aprovada e agradar os demais se humilhando e se submetendo ao agressor, dificuldade de se colocar diante de situações vexatórias ou de exclusão, maior introversão, recusa em ir ou queixas físicas para deixar de ir à escola ou mesmo uma tristeza que pode desencadear um quadro de depressão, transtornos de ansiedade, automutilação e fobia social ou escolar em situações mais graves.

Na tentativa de agradar os demais e fazer parte do grupo, os pais das crianças Sol podem vir a notar o sumiço de seus pertences e maior gasto de dinheiro, já que muitas dessas crianças tentam "comprar" a aceitação dos colegas dando seus pertences ou pagando lanches ou coisas do interesse dos agressores. Também pode acontecer de fazerem trabalhos escolares para eles, a fim de agradar o grupo agressor ou como imposição dele.

Na maioria das vezes, os pais demoram para ficar sabendo do ocorrido. Essas crianças sofrem caladas durante bastante tempo, muitas vezes por temer alguma atitude dos pais junto à escola ou aos demais responsáveis que possa gerar retaliação das crianças agressoras, causando ainda mais desconforto.

Muitas vezes, o que os pais vão notar é uma queda no rendimento escolar; uma hipersonia, em que a criança passa a chegar exausta da escola e dorme a tarde toda, e ainda tem sono para dormir a noite inteira também; uma alteração no apetite; e isolamento em casa. A criança se torna mais calada e invisível dentro da própria família. E, se notarem o uso de casaco, blusa de manga comprida e calça em dias mais quentes, pode ser que esteja escondendo marcas de automutilação. Existem casos em que o intenso sofrimento faz a criança desenvolver o hábito de roer excessivamente as unhas, morder os lábios até sangrar ou apresentar falhas nas sobrancelhas ou no cabelo por arrancar pelos do corpo devido à excessiva tensão e ansiedade a que se submete no ambiente hostil.

As crianças que aqui chamo de "agressoras" são as que neste jogo doentio, muitas vezes orquestrado pela sensação de poder, pela popularidade ou pela inveja, comandam as situações de isolamento ou humilhação contra as "crianças Sol" sem a presença de empatia ou compaixão. Elas não se sensibilizam pela dor que causam à vítima, e normalmente podemos perceber até certo nível de prazer em ver o sofrimento intenso que suas ações ou comandos causam na "criança Sol".

Os agressores costumam ter uma personalidade arrogante, pois se acham superiores e melhores em relação aos demais. São crianças mais egocentradas, que se comprazem em sentir que todo o resto da turma está em suas mãos, submetido a seus mandos e manipulações, a fim de destruir a vítima e aniquilá-la por completo diante de todos. Em geral, são os "populares" da sala e se utilizam dessa maior expressão entre os colegas para praticar o mal, em vez de exercer uma liderança positiva e saudável no meio acadêmico ou social.

Os "populares" que são também agressores podem ser crianças que receberam uma educação sem limites e sem o exemplo da empatia e da importância da generosidade e do respeito para com o próximo; podem ser crianças que estão passando por um momento difícil na vida, como separação dos pais, agressão familiar ou perda de um ente querido; podem ser crianças que sofreram bullying e, como forma de se proteger, começaram a praticá-lo com outros; ou podem ser crianças que apresentam um transtorno de personalidade em que o gosto por ver e provocar o sofrimento dos demais ou de animais de estimação em casa já vem chamando a atenção dos mais próximos.

Elas podem ser identificadas já na primeira infância com uma atitude hostil e desrespeitosa em relação aos colegas que não se encaixam no padrão social, de beleza ou de inteligência do restante da turma. Nesse período, já começam a apontar e desfazer desses colegas por suas características, criando estigmas e deixando-os marcados.

Entre essas posições antagônicas, temos também as crianças espectadoras/passivas, que são as que compactuam de certa maneira com todas as maldades dos agressores. Elas, em decorrência do medo de serem incluídas no hall das vítimas, acabam se omitindo e se afastando de toda essa situação dolorosa. Porém, têm sua parcela de responsabilidade, uma vez que nada fazem para ajudar a vítima a sair daquele lugar de isolamento e muito menos para fazer o agressor perder sua força e potência nas maldades infligidas contra a vítima.

Se os espectadores/passivos se unissem no sentido de não reforçarem a atitude dos agressores com risadas ou a disseminação de falas maldosas ou caluniosas, tirariam desses agressores a sua força. E, se desaprovassem suas atitudes, talvez conseguissem até paralisar as ações maldosas. O fato de se manterem passivos diante de uma prática com a qual às vezes nem concordam e que sentem como injusta e inadequada de certo modo poderá lhes causar sofrimento também.

Outro ponto importante a compartilhar é o fato de ter escolhido pela primeira vez em meus livros uma personagem feminina. Fiz questão de colocar uma protagonista menina devido ao crescente número de casos com que tenho deparado no consultório, em que as meninas vêm causando o bullying e sofrendo com ele em maior número.

Este é um sofrimento que tem resultado, não raro, em minhas pacientes e em meninas do mundo inteiro, em adoecimento e marcas irreversíveis. E a expressão disso vai desde uma mudança na autoimagem, na autoestima e no valor próprio, passando por alterações no comportamento da criança como um todo (que passa a se mostrar mais introvertida, isolada, triste e vazia), no sono e no apetite, até a perda do sentido da vida, dificuldade de ir à escola ou frequentar o local onde se está sofrendo esse tipo de violência, ou mesmo automutilações e tentativas de homicídio ou suicídio. Sim, tentativas de suicídio... Infelizmente, a dor de não pertencer é tão devastadora que, dependendo do grau, da intensidade e da duração causará nas vítimas um desejo de não mais existir – algo muito grave e triste.

Pensar que muitas crianças e famílias ignoram que isso exista pelo fato de suas crianças felizmente nunca terem sofrido por isso é preocupante.

Pensar que professores e profissionais das escolas fingem não perceber que isso existe é mais preocupante ainda. Hoje, em função da dor de muitas crianças e famílias, esses atos são considerados crimes. A omissão, seja por não querer ter que enfrentar problemas, por não querer se dar o trabalho, por falta de empatia ou seja lá o que for, pode culminar na perda da vida de uma criança ou um jovem, e isso é algo muito sério.

ATÉ ONDE PODEMOS CONSIDERAR A SITUAÇÃO UMA BRINCADEIRA E DESDE QUANDO PASSAMOS A CONSIDERÁ-LA BULLYING?

Costumo dizer aos meus pacientes que, em uma brincadeira, todos os envolvidos se divertem. Uns mais, outros menos, de acordo com o tipo de brincadeira, que vai agradar mais a uns do que a outros.

A brincadeira sempre existiu, principalmente no meio escolar, onde as crianças passam a metade de seus dias. Quando saudável, ela torna o ambiente mais leve e o clima escolar mais descontraído. Integra crianças e envolve apelidos, piadas e palhaçadas feitas na direção de um ou vários amigos. Isso faz com que muitos, por ignorância, desqualifiquem ainda hoje a seriedade e os prejuízos que o bullying causa.

O bullying é uma prática em que uma das crianças, pelo menos, chamada de vítima, não está se divertindo com as supostas brincadeiras. E mais do que isso... ela não está se divertindo porque não se trata de uma brincadeira saudável. Essa criança não se diverte porque está sendo banida do grupo, está sendo rejeitada, humilhada, exposta, difamada, criticada duramente na frente dos demais e muitas vezes até agredida fisicamente. E, por mais que ela sofra ou chore, o algoz continuará com suas maldades, causando-lhe mais e mais dor.

Neste jogo doentio, que em nada se parece com uma brincadeira, o sofrimento da vítima, além de não sensibilizar o agressor para que pare sua atuação (como ocorre/ocorria em brincadeiras saudáveis), ainda o estimula a intensificar sua ação. Quanto mais sofrido, humilhado ou isolado ele deixar sua vítima, mais satisfeito e poderoso vai se sentir. Ele sente prazer ao sentir a dor que causa no outro e se alimenta disso cada vez mais.

É isso o que diferencia uma brincadeira saudável do bullying. Consideramos uma brincadeira saudável, quando um colega percebe que uma brincadeira causa dor a um amigo, e logo para e ainda se sente mal com aquilo, indo, por vezes, se desculpar. Não lhe causa prazer notar que está provocando dor e sofrimento ao seu colega. Se todos não estiverem se divertindo, logo os amigos procuram uma outra brincadeira que seja agradável a todos e deixe o ambiente leve e amistoso.

PRINCIPAIS TIPOS DE BULLYING

Os principais tipos de bullying são:
● verbal: caracteriza-se pelo uso de apelidos depreciativos, insultos, pichações ou xingamentos;
● físico: caracteriza-se pelo uso de violência física, tal como chutes, socos, pontapés, empurrões, arranhões, puxões de cabelo, enforcamento ou beliscões;
● moral: caracteriza-se pela disseminação de calúnias e difamações direcionadas a um ou alguns dos colegas, ou exposição a conteúdos inadequados ou indesejados por eles.
● psicológico: caracteriza-se pelo isolamento de um ou alguns alunos do restante do grupo, excluindo-os à base de intimidações, chantagens ou ameaças;
● material: caracteriza-se pela violência contra os bens das vítimas, com intenção de diminuí-los ou humilhá-los. Pode envolver roubo, destruição ou furto;
● sexual: caracteriza-se por violências que envolvam a sexualidade, como toques indesejados e não permitidos, insinuações, assédios, exposição da nudez da vítima ou imposição de comportamentos que a vítima não deseja.

O SILÊNCIO DA VÍTIMA

As vítimas do bullying costumam ter um perfil de crianças/jovens mais calados e introvertidos. São aqueles que não gostam de se expor, que "engolem sapo" e não sabem se defender, nem verbalmente e muito menos fisicamente, possuindo uma estrutura de personalidade mais enfraquecida no sentido da autodefesa.

Isso acaba sendo um agravante, pois crianças assim, que temem a exposição dos fatos, a necessidade de enfrentamento do problema ou o agravamento das situações de bullying, acabam se calando e impedindo que os adultos possam intervir e ajudar na dissolução desta situação de dor.

Até mesmo quando a criança chega para a ajuda terapêutica, lidamos com esse problema por algum tempo. Precisamos começar com um trabalho de fortalecimento da autoestima e de autoconhecimento, até que a criança nos permita fazer contato com a escola a fim de buscar ajuda para desarticular tal tipo de conduta.

Uma vez que começamos a trabalhar para desfazer este ciclo criado, não podemos parar até que a atuação seja totalmente paralisada e revertida pela escola e por todos os responsáveis e crianças envolvidos.

Ajudamos a desarticular o algoz e seu grupo, e a buscar a integração daquela criança ao grupo. Isso envolve também um trabalho terapêutico de conscientização e mudança dos traços de caráter e de personalidade que aquela criança possui, e que favoreceram que ela sofresse esse tipo de investida.

Nosso trabalho terapêutico envolve desenvolver a vítima para que ela consiga se colocar não só diante daquela situação dolorosa, mas também de todas as demais pelas quais passar, seja na escola, na família, na carreira, na vida afetiva, social etc.

A "criança Sol" precisa se conscientizar de que se calar não ajudou em nada para que se libertasse deste lugar de escárnio dos demais. Então, ela precisa aprender a se colocar, a pôr limites ao outro, a descobrir seu valor, percebendo assim o que pode ou não permitir que lhe façam.

O PAPEL DE PROFESSORES E DA ESCOLA DIANTE DA PRÁTICA DO BULLYING

Nesta prática de violência entre alunos, o papel da escola, e principalmente dos professores, que acompanham esses alunos de perto e diariamente, é fundamental. Se tivermos professores e funcionários atentos e comprometidos a perceber esse tipo de prática, conseguiremos coibir e minimizar tal tipo de dor.

Uma vez que o profissional suspeita de qualquer movimento de agressão em uma turma, medidas interventivas devem ser tomadas, desde o diálogo com os estudantes e a conscientização da gravidade dos atos vexatórios até o envolvimento dos pais ou responsáveis, na intenção de conscientizá-los do ocorrido, envolvendo-os no acompanhamento dos filhos ou tutelados para a dissolução desse problema ou mesmo a aplicação de punições para os que insistirem nesse tipo de prática.

Diante do estudante que sofre esse tipo de violência, cabe à escola e a todo o seu corpo acadêmico lhe darem apoio para que possa diluir sua dor e medo, comunicando o ocorrido também às famílias e solicitando o acompanhamento dessa criança em casa, para um trabalho com ela a fim de que seja novamente integrada e se sinta confortável e feliz no ambiente escolar.

Da mesma forma que cabe à escola cuidar para que os agressores se envolvam em algum tipo de acompanhamento e tratamento, a fim de tomar consciência do relacionamento que mantêm com os demais colegas e dos motivadores que os levam a manter uma relação de poder e subjugação em relação às vítimas, estas necessitam igualmente de ajuda e um olhar cuidadoso.

Se a escola se empenhar em identificar e trabalhar esses casos, teremos a garantia de um ambiente saudável e propício a um bom desenvolvimento infantil. Não há uma escola onde podemos afirmar que o bullying não ocorra, mas podemos ter escolas que não compactuam com ele e mantêm o compromisso de banir as práticas de bullying em sua instituição.

Atualmente, é fundamental que todas elas fomentem a discussão de temas relacionados ao bullying e ofereçam palestras e dinâmicas que levem as crianças a distinguir a brincadeira saudável do bullying desrespeitoso e nocivo.

Se as instituições de ensino se adiantarem na educação e instrução dos alunos sobre a prática do bullying, posicionando-se contra este tipo de prática e oferecendo punições adequadas a esses casos, estaremos incentivando a comunidade escolar a denunciar esse comportamento, cuidando para tornar as escolas ambientes saudáveis e seguros para as nossas crianças.

O PAPEL DOS PAIS, E TAMBÉM DE ALGOZES, VÍTIMAS E ESPECTADORES, DIANTE DA PRÁTICA DO BULLYING

Os pais/responsáveis hoje em dia devem estar atentos e buscar investigar junto a seus filhos/tutelados, aos demais pais/responsáveis e à escola como seu filho/tutelado age no ambiente escolar e social, já que todos os envolvidos em uma situação de bullying necessitam de atenção e cuidados.

O que faz uma criança se tornar um agressor, um cúmplice totalmente passivo e apático diante de uma situação de bullying ou uma vítima dentro de uma turma? Essas são questões para as quais todos os pais/responsáveis devem buscar elucidação, e, para isso, é preciso que estejam abertos e atentos a fim de exercer uma exploração ativa para poderem identificar, tratar e solucionar esse tipo de problema em relação aos filhos/tutelados.

Independentemente da posição que seu filho/tutelado ocupe, ele necessita de sua atenção e cuidado. Seu tipo de conduta diz respeito a traços de caráter, valores, visão de mundo e visão de homem que cada criança possui. E temos, como pais/ responsáveis, na infância de nossos filhos/tutelados, o dever de, por meio da educação durante a infância, modificar e moldar as tendências negativas que nosso filho traz como espírito.

Precisamos estar atentos ao tipo de ser humano que nosso filho/tutelado está se tornando; a que tipo de companhias ele busca para sua jornada; em quem ele se inspira; o que anda aprendendo e reproduzindo na vida sobre as pessoas, suas relações e o mundo. Precisamos ajudá-lo a modificar suas más tendências, a superar suas dificuldades e conflitos, e a aprender a fazer escolhas mais acertadas para sua vida.

Estamos aqui para garantir que nossos filhos/tutelados se tornem seres humanos bons e comprometidos com atitudes de respeito, honestidade e generosidade, para com eles mesmos e para com o próximo.

Contudo, além de observarmos nossas crianças e refletirmos acerca de seu comportamento junto aos colegas, precisamos ir além e pensar sobre os valores que nós mesmos carregamos. Como nos relacionamos com nossos filhos/tutelados? Como nos comportamos com os demais diante de nossos filhos/tutelados? Quais exemplos de respeito e consideração ao próximo passamos a eles? Como nos sentimos em relação aos demais? Será que nossos filhos/tutelados não estão espelhando ou reagindo à maneira como são tratados por nós, ou à maneira como nos veem tratar os outros? Como sua criança interior se sentiu no meio escolar? Suas relações interpessoais foram/são saudáveis?

Muitas crianças refletem o que vivenciam ou observam em casa, e, por isso, muitas vezes a mudança delas passará por uma tomada de consciência e uma modificação de seus pais/ responsáveis. Vale observarmos se o comportamento delas, seja de agressão, apatia ou submissão, não pode ter sido ensinado por algum dos membros da própria família.

Vale também repararmos se isso vem de algum tipo de situação pela qual a criança foi exposta na primeira infância, ou se se trata apenas de um traço dessa criança. O que a faz agir dessa forma? Quais pensamentos e sentimentos a levam a agir dessa maneira? O que ela busca com isso? Que outro modo ela tem para conseguir o que necessita sem ser ferir-se ou ferir alguém? Como ele se sentiria se estivesse na outra posição? Convide-a a refletir sobre essas questões. Explore com a criança se falta algo em casa. Será que ela tem alguma expectativa ou necessidade que não está sendo suprida em seu lar? Será que sente algum desconforto diante do comportamento de alguém em casa que possa estar sendo extravasado na escola, em cima dos colegas?

Sempre que observarem que seus filhos/tutelados apresentam alterações de comportamento e de grupo social, investiguem mais de perto. Acompanhem as conversas de seus filhos/tutelados com os amigos. Façam questão de conhecer os colegas deles e suas famílias, e os ajudem a manter relações saudáveis, de respeito e humanidade.

E, se descobrirem alguma prática de bullying, sejam parceiros de seus filhos/tutelados. Não busquem resolver o problema por eles, tentando mudá-los de turma ou de escola. Tentem estar ao lado deles, sendo a base de que necessitam para vencer aquela dificuldade. Deem a eles a oportunidade de compreenderem o que os fez cair naquele lugar e naquela sensação de capacidade, para superarem essa situação com sua ajuda e a ajuda da escola, e saírem mais fortalecidos dela.

Se os pais/ responsáveis se limitarem a mudar o filho/tutelado de turma ou escola, sem se conscientizarem das causas de seu comportamento e a tratarem, vão observar a mesma situação se repetindo, até que de fato cuidem dela. Se não conseguirem superar isso em casa, busquem a ajuda especializada de um terapeuta. O autoconhecimento é o caminho mais adequado para lidarmos com conflitos e dificuldades, e adquirirmos novas ferramentas para nos ajudar em nossos processos.

COMO AJUDAR AS VÍTIMAS A SUPERAREM O BULLYING E SAÍREM DESSA SITUAÇÃO MAIS FORTALECIDAS AO INVÉS DE DESTRUÍDAS

O primeiro passo no caminho de apoio às vítimas de bullying é investigar e trabalhar a autoestima. É muito importante que a vítima se conheça melhor e possa identificar os pontos positivos que ela possui e os que precisam ser trabalhados.

Geralmente, precisamos ajudar essas vítimas a perceber com que valores estão identificadas. Quais são os atributos que as fazem se sentir inferiores? Que tipo de comparação fazem com os demais, para aceitarem a ideia de que os agressores são melhores ou superiores a elas? Por qual motivo é tão difícil se impor e não se intimidar nem aceitar passivamente as situações vexatórias ou violentas pelas quais passam?

Ao se debruçarem sobre esse tipo de questão, as vítimas começam a desenvolver um olhar diferenciado sobre essas práticas, sobre si mesmas e sobre o mundo que as cerca. Com isso, vão paulatinamente passando a adotar uma nova postura diante das situações de violência. E, quando isso é sentido pelos agressores, suas investidas provavelmente tomarão um outro rumo, procurando uma nova vítima em potencial caso a vítima inicial não tenha exposto o ocorrido para sua família e a escola, pois neste caso se suprimiria a prática do bullying naquele ambiente.

Precisamos ajudar crianças nessa situação dolorosa a entender por qual motivo elas ainda valorizam e desejam fazer parte de um grupo que não possui os mesmos valores que elas. Por vezes,

as vítimas que vinham sofrendo o bullying conseguem perceber que estavam se perdendo delas mesmas na tentativa de fazer parte do grupo, tendo adotado comportamentos diferentes, dos quais não se orgulham; tendo mudado até o jeito de falar, de se vestir, embora ainda assim continuem sendo maltratadas.

Outras vezes, elas vão perceber que também têm uma postura preconceituosa em relação a outros colegas que julgam ser "mais estranhos", por terem uma aparência diferente, um jeito de ser mais introspectivo ainda, ou por parecerem bobalhões tentando conquistar a aceitação do grupo mais influente da turma. E imaginem a surpresa dessas crianças ao perceberem que desejam, em seu íntimo, criar um vínculo com colegas que não as respeitam, enquanto rejeitam os que gostariam de estar com elas e poderiam lhes oferecer uma relação saudável e amistosa.

Este se torna, então, um caminho de descobertas e autoconhecimento, em que elas vão ganhando apoio para conseguir fazer escolhas mais acertadas e assumir seu verdadeiro ser em toda a sua totalidade. E, nesse caminho, poderão ainda tomar consciência do motivo de terem atraído para a vida delas esse tipo de situação. Qual lição precisava ser aprendida? O que essa experiência desenvolveu nelas?

É preciso que as "crianças Sol" estejam abertas a mudanças. É preciso que se busquem novos caminhos, novas atitudes, novas possibilidades de companhia, e que elas tenham coragem de abandonar o antigo lugar de isolamento e dor para encontrar um novo – e portanto ameaçador – lugar onde serão consideradas e respeitadas.

A vítima tem um compromisso com os demais colegas de exigir do corpo escolar a coibição da prática de bullying. Esse compromisso também se faz necessário no tocante aos agressores, que precisam de uma nova instrução no sentido de exercer no ambiente escolar relações respeitosas e saudáveis. Eles precisam entender também o que os levou a agir dessa forma, para que consigam modificar tudo isso e sair amadurecidos e fortalecidos dessa experiência.

A PANDEMIA E SEUS EFEITOS NO BULLYING

Uma percepção minha baseada no que vivencio no consultório é que o período de pandemia, durante o qual tivemos de instruir as crianças a viver em isolamento, dentro de casa, mantendo o contato restrito a familiares, dado o risco de pegarmos uma doença que estava levando muitos à morte, marcou-as fortemente.

Além de cargas, marcas e feridas trazidas por cada uma das crianças, que perpassam esse tema de diversas maneiras, elas ainda tiveram de lidar com a forma como seus familiares agiram em todos esse período: alguns mais tranquilos, outros mais apavorados. Não tínhamos certezas, não tínhamos prazos, e tínhamos muita pressão e medos.

Ao voltarem ao convívio social, tivemos de instruí-las a manter a máscara no rosto, a evitar a aproximação e o contato corporal, e até a não compartilhar seus materiais ou tocar em lugares que outros haviam tocado. Isso deixa suas marcas...

Sinto que, depois da pandemia, os casos de bullying que envolvem o isolamento e a exclusão de um colega aumentaram consideravelmente. Todos nós fomos submetidos a esse período difícil que nos marcou para além dos impactos óbvios. O aumento do número de pessoas ansiosas e deprimidas é uma realidade inegável, e estamos buscando dissolver e aliviar essas marcas pouco a pouco.

ATIVIDADES SUGERIDAS PARA SEREM REALIZADAS COM AS CRIANÇAS

REFLEXÕES PARA AJUDAR AS "CRIANÇAS SOL"
● Como você se sente quando o isolam ou maltratam?
● O que você busca conseguir quando se omite e aceita os maus-tratos?
● Qual seu maior desejo de conquista junto aos amigos da turma?
● Isto é algo que depende de você?/Há algo que possa fazer para mudar essa realidade?
● O que você pode fazer para tornar os momentos escolares mais agradáveis e tranquilos?
● O que você precisa aceitar?
● Do que precisa abrir mão?
● Quem é você? Quais são as características que fazem de você um bom colega?
● Gostaria de ter um colega como você? Por quê?
● O que você precisa aprender ou modificar em você diante de tudo isso que está acontecendo?

TAREFAS
● Para as crianças que gostam de desenhar, podemos pedir:
Desenhe a atual situação que você enfrenta com seus amigos. Feche os olhos e imagine uma cor que vai acalmar a cena que você desenhou. Imagine o que pode ser feito para modificar os momentos dolorosos na escola. Faça isso mentalmente. Deixe que essas coisas aconteçam na sua imaginação. Sinta o bem-estar enquanto vivencia essa experiência. Agora abra os olhos e desenhe a nova experiência que você vai criar em sua vida. Coloque o desenho em um lugar visível até que isso se concretize.

● Para as crianças que gostam de escrever, podemos pedir:
Escreva uma carta para a sua parte que sofre o bullying. Escreva o que pensa dela, por qual motivo você acredita que ela está sofrendo isso, como ela pode mudar essa situação e sair dessa dor. O que ela tem de forças, recursos e capacidade que podem ajudá-la a escrever um novo fim para sua história?

Agora escreva uma carta para a pessoa, ou pessoas, que pratica o bullying contra você. O que gostaria de dizer a ela? Por qual motivo você imagina que ela age assim com você? O que a levou a começar a agir assim? O que você gostaria de lhe pedir? Como deseja resolver tudo isso daqui para a frente?

Agora feche os olhos e imagine que você conversa com esta sua parte, e em seguida, com a pessoa que faz o bullying contra você. Observe como se sente agora e aproveite para deixar escoar toda a carga que ainda lhe faz mal. Busque novos pontos de vista. Busque perceber coisas que não havia notado antes e que podem agora ajudá-lo a se sentir melhor neste tipo de situação. Mesmo que o outro não o trate do jeito que você gostaria, lembre-se de tratá-lo da melhor maneira possível. Busque quem e o que lhe fazem bem. Busque aqueles com quem se sente valorosa e querida; mesmo que este seja um lugar interno seu, busque se nutrir dele.

REFLEXÕES PARA SE FAZER COM A CRIANÇA AGRESSORA
● O que o leva a isolar, humilhar ou agredir seu colega?
● O que você sente de bom com isso? O que pensa que o faz repetir essa atitude?
● O que parece ser mais importante para você nessas situações de bullying?
● O que pensa de você quando age assim?
● Já sofreu algo que o incentivou a agir assim com alguém?
● Um dos seus familiares trata as pessoas dessa maneira?
● O que ganha quando age assim?
● Você perde algo quando age assim?
● Quem é você? Quais as características que fazem de você um bom colega?
● Você gostaria de ter um colega como você? Por quê?
● Há algo que lhe falta ou que o entristece em sua vida?
● Do que você precisa para conseguir integrar todos num só grupo, sem distinção?
● Quem/o que pode ajudá-lo nesse desafio?
● O que precisa aprender ou modificar em você diante de tudo isso que está acontecendo?

TAREFAS
Desenhe ou escreva o que o leva a praticar esse tipo de atitude contra seu colega. Deixe vir pensamentos, sentimentos, lembranças, intuições, e coloque para fora, desenhando ou escrevendo a primeira coisa que vier a sua mente.

Agora desenhe a sua parte que pratica bullying com os outros. Olhe para ela, conecte-se com ela, sinta-a. Imagine agora o que aconteceu a ela para que começasse a agir assim. Coloque isso no papel, desenhando ou escrevendo a estória. Feche os olhos e imagine de quais cuidados, atitudes ou reparações essa parte precisa para que possa modificar esse comportamento que ela vem tendo; deixe que isso aconteça na sua mente, e observe como essa parte se sente com tudo isso. Perceba se ela precisa de mais alguma coisa e permita que isso aconteça, sem pressa... Assim que ela estiver bem, imagine que ela retorna à escola. Mas agora ela retorna com atitudes que vão desfazer e modificar aquele ambiente hostil e doloroso para o colega. Repare como seus colegas reagem. Repare como você se sente agora. Guarde essa memória na mente, e ela o guiará nos próximos momentos com esse colega, até que tudo esteja solucionado e agradavelmente resolvido. Perceba como seus pais, professores e funcionários da escola o olham agora. Sinta como é agradável vivenciar isso.

REFLEXÕES PARA SE FAZER COM A CRIANÇA ESPECTADORA
● Como você se sente vendo um colega maltratando, isolando ou humilhando outro colega?
● Se estivesse no lugar do colega maltratado, como se sentiria?
● O que você acha que leva seu colega a fazer isso com o outro? O que ele parece querer conseguir com isso?
● O que você acha que poderia fazer para evitar esse tipo de situação?
● O que o impede de agir nesses momentos a fim de tentar evitar o bullying?
● Como se sente depois de presenciar o bullying sem ter conseguido fazer nada a respeito?
● O que pode ser falado/feito com o colega agressor?
● O que pode ser falado/feito com o colega que sofreu o bullying?

TAREFA
Feche os olhos e lembre-se do dia que você julga ter sido o mais difícil para o amigo que sofre o bullying. Imagine como ele se sentiu naquele momento, como o colega agressor se sentia, e perceba como você se sentiu presenciando tudo aquilo. Lembre-se como você se sentiu depois disso tudo. Respire fundo e pense em uma cor que represente, em sua mente, a energia de resolução de conflitos. Envolva toda a situação com essa cor e siga respirando profundamente. Deixe que essa cor tome conta de tudo. Assim que estiver pronto, imagine que você retorna àquele momento; só que agora, antes que tudo se inicie, você vai ter uma atitude diferente. Vai fazer algo que tem vontade e que acredita que ajudará a solucionar o conflito. Faça o que você intuiu. Deixe que isso aconteça, percebendo depois o que ocorre. Como fica o colega agressor? O que acontece com o outro colega? Como você se sente agora? Teve medo de tomar essa nova atitude? Valeu a pena ter arriscado? Sinta a satisfação de poder ajudar a promover um clima melhor para sua turma. Sinta a satisfação de interceder a favor da resolução desse conflito. Guarde isso dentro de você como uma ferramenta de mudança. Ela já, já estará pronta para ser usada.

Agora você pode escrever ou desenhar algo sobre essa experiência, até que todas as cargas envolvidas sejam totalmente dissolvidas.

DEDICATÓRIA:
Dedico este livro ao meu paizinho amado, Nilton Pedro Elias Rodrigues, e a todas as crianças que sofrem pelo medo de não pertencerem a um grupo, de ficarem sós e serem excluídas pelos demais. Que nesta jornada da vida elas possam aprender que as únicas pessoas que jamais as abandonarão são elas mesmas.
Te amo eternamente, meu pai.

AGRADECIMENTOS:
Agradeço aos meus pacientes amados, que me permitiram participar de parte significativa de suas vidas para, por meio disso, poder ajudar tantos outros. Ao meu querido Rafa, Acsa Valentina, Sophia Brasil, Nina Potter, Giovanna Patrício, Sophie, Sophia Ajzental, Maria Eduarda Gurgel, Daniel Rangel, Arthur Evaristo, João Gabriel e todos os demais, meu muito obrigada!
Agradeço ao meu filho, Matheus Vanzan, meu maior tesouro nesta vida, e quem veio me ensinar tanto e me inspirar a ser sempre alguém melhor. Te amo, filho!
A todos da Boa Nova Editora, onde conheci pessoas fantásticas empenhadas em levar amor, luz e paz até onde não os alcançamos.

BIBLIOGRAFIA
KARDEC, Allan. O Livro dos Espíritos. Editora: Petit, 2003.
KARDEC, Allan. O Evangelho segundo o Espiritismo. [s.l.] Editora: Nova Visão, 2019.
BOWMAN, Carol. Crianças e suas suas vidas passadas. Editora: Salamandra, 1997.
MIRANDA, C. Hermínio. Nossos Filhos São Espíritos. Editora: Lachatre, 2014.
MENEZES, Milton. O sentido do sofrimento. Editora: Boa Nova, 2017.
MENEZES, Milton. Terapia de Vida Passada e Espiritismo – Distâncias e aproximações. Editora Leymarie, 1999.

OUTROS LIVROS DA AUTORA

Chico é um menino doce que apresenta uma grande dificuldade: afastar-se dos pais para realizar suas atividades diárias, como ir para a escola ou dormir na casa dos primos, que se tornam assim situações sofridas e dolorosas. Após contar com o trabalho de uma boa terapeuta, Chico vai descobrindo e superando a causa desse problema – o transtorno de ansiedade de separação –, até conseguir se afastar dos pais e se divertir muito com amigos e familiares. Neste livro, ampliam-se as considerações da Psicologia tradicional, para considerar como as experiências de vidas passadas podem influenciar no comportamento e nas reações emocionais das crianças. Propõe-se ainda a realização de tarefas que podem ajudar muitas crianças "Chico" a superar esse transtorno.

Tico é um bom menino, divertido e amigável, quando todas as coisas saem como ele espera. Mas, quando ele não gosta de algo... sai de baixo! Se receber um não, se não for atendido na hora que quer, se perder o jogo, Tico parece se transformar: grita, xinga, bate e machuca todos a sua volta, estragando qualquer brincadeira ou momento de prazer. Acompanhem esta história para ver como Tico conseguiu contornar esse seu comportamento, que insistia em se repetir e afastar dele todos os amigos. Neste livro, ampliam-se as considerações da Psicologia Tradicional, para considerar como as experiências de vidas passadas podem influenciar no comportamento e nas reações emocionais na infância. Propõe-se ainda a realização de tarefas que podem ajudar crianças "Tico" a superar esse transtorno.

O texto conta a história de Charlie, um menino inteligente e alegre que começa a vivenciar manifestações da mediunidade, o que causa confusão e preocupação em sua família. Ele passa a ter mudanças de comportamento, como irritação repentina, queda no desempenho escolar e crises de angústia, tornando-se cada vez mais isolado e infeliz. Essa fase difícil transforma a vida de Charlie e de sua família, mas também leva todos a importantes aprendizados sobre o mundo espiritual e sobre si mesmos. O livro propõe uma jornada de descoberta espiritual e oferece orientações úteis para pais, educadores e profissionais que lidam com crianças como Charlie.

Levamos o livro espírita cada vez mais longe!

Av. Porto Ferreira, 1031 | Parque Iracema
CEP 15809-020 | Catanduva-SP

www.**boanova**.net

boanova@boanova.net

17 3531.4444

17 99257.5523

Siga-nos em nossas redes sociais.

@boanovaed   boanovaeditora

CURTA, COMENTE, COMPARTILHE E SALVE.
utilize #boanovaeditora

Acesse nossa loja   Fale pelo whatsapp